D1236950

# Le Couloir des Élus

De la même auteure:
    Paroles de lumière, Éditions Le Dauphin Blanc, 1992

.

Couverture:
    «Le Couloir des Élus»
    Huile sur toile, 1992
    16 X 20
    Marie-Chantal Martineau

Photocomposition:
    Composition Monika, Québec

Révision linguistique:
    Alain Corrigou

Éditeur:
    Les Éditions Le Dauphin Blanc
    C.P. 55, Loretteville, QC, G2B 3W6

ISBN:
    2-89436-004-5

Dépôt légal:
    2ᵉ trimestre 1993
    Bibliothèque nationale du Québec
    Bibliothèque nationale du Canada

Marie Bolduc

# Le Couloir des Élus

Le Dauphin Blanc

# *Remerciements*

Je tiens à remercier

mon conjoint pour sa présence, son amour et sa sincérité; Alain Corrigou pour la correction des textes; Hélène Ruel pour l'animation des lancements; et tout spécialement Marie-Chantal Martineau pour la merveilleuse toile illustrant la couverture de ce livre.

À tous, merci.

Je dédie ce livre

*à Marie-Josée, qui a rendu possible la rédaction de ce livre par ses communications et son dévouement,*

*à Anita et Hermil, les parents de Marie-Josée, qui ont su cheminer auprès d'elle avec tant d'amour,*

*à tous les lecteurs et lectrices de «Paroles de lumière», pour leur grandeur d'âme et pour leur appréciation.*

*Que tous ceux et celles qui recherchent la vérité ouvrent leur cœur aux pages qui suivent afin d'y découvrir une moisson sans fin.*

Marie Bolduc

## Note de l'éditeur

L'homme ne sait plus mourir. Peut-être parce qu'il ne sait plus vivre! De nos jours, la mort est devenue l'ennemie, crainte et détestée, qu'il faut à tout prix éliminer.

La médecine moderne, à coups d'investissements de milliards de dollars, développe des techniques et invente des appareils de plus en plus complexes pour essayer de vaincre la mort, mais en vain.

La mort, au même titre que la naissance, demeure une étape naturelle dans le processus évolutif d'une âme incarnée. Et les cycles de naissance et de mort se succéderont tout au long de la progression de l'âme vers «la Source».

Pourtant l'homme d'aujourd'hui, tel un prisonnier cherchant à différer la date de sa libération, refuse de voir l'envers du décor, et préfère croire que son corps marque la limite de sa vie.

Dans cette perspective, il n'est pas étonnant de constater que la crainte de la mort soit si répandue. Et lorsque cette mort survient, on accuse le destin, on incrimine la malchance, on maudit la vie, on injurie le Créateur. L'homme traverse sa vie dans une totale incompréhension de sa véritable identité et une parfaite méconnaissance de sa destinée.

Il nous semble urgent de redonner à la mort son vrai sens: celui d'un passage, d'un transfert d'un état à un autre. Peut-être, par la suite, pourra-t-on retrouver le véritable sens de la vie?

Le récit de Marie-Josée s'inscrit dans cette démarche de démystification de la mort. Décédée au printemps de sa vie, Marie-Josée raconte, par l'intermédiaire de sa tante Marie, médium, les étapes de son départ et de son ascension. Elle lui décrit le monde céleste, les âmes qui l'entourent et les légions d'anges, artisans de ce plan. Elle l'invite à soulever le voile de l'illusion afin d'aider l'humanité à se libérer de «l'angoisse du tombeau».

Nous publions donc le témoignage de Marie-Josée dans l'espoir que s'estompe cette peur viscérale et destructrice de la mort entretenue par l'homme. Ainsi, délivrés des liens de la crainte, redécouvrirons-nous peut-être la noblesse et la beauté de la vie ... et de la mort.

# *Avant-propos*

Le 10 août 1991, une tragédie secouait la famille. Marie-Josée, notre nièce de 23 ans, décèdait dans un accident de la route.

Joviale et enthousiaste, Marie-Josée aimait la vie comme toutes les jeunes filles de son âge. Pour elle, les journées n'étaient jamais assez longues; dormir était une perte de temps. Elle menait une existence à la fois remplie et rangée. Elle pratiquait la danse, affectionnait la lecture et ne perdait jamais une occasion de placer un bon mot, elle avait toujours quelque chose à dire.

Comme nous n'habitions pas la même ville, elle et moi avions peu souvent l'occasion de nous rencontrer. Mais nous nous retrouvions avec joie chaque fois que cela était possible. Sinon, il nous restait le téléphone pour se parler et échanger des idées.

Bien que je fus la marraine de Marie-Josée, nous ignorions l'une et l'autre certains aspects de nos vies respectives. Par exemple, nous n'avions jamais échangé sur nos «évolutions spirituelles». J'ai su après son décès que Marie-Josée lisait des écrits traitant de spiritualité et qu'elle suivait des cours de croissance personnelle.

De son côté, Marie-Josée ignorait tout de ma démarche spirituelle. Cette démarche m'amena, au printemps de 1989, à prendre contact, et à recevoir des messages d'êtres spirituels, notamment d'un guide nommé Abraham. Ces communications donnèrent naissance à un premier livre, «Paroles de lumière», et changèrent radicalement mon existence, donnant à la recherche spirituelle, une place prépondérante dans ma vie.

Avant le «départ» de Marie-Josée, je ne communiquais qu'avec des guides spirituels. Marie-Josée fut la première âme désincarnée à m'envoyer des messages. Véritable révélation, l'expérience avec Marie-Josée créa en moi des ouvertures bénéfiques. Mon «travail spirituel» prit dès lors une dimension insoupçonnée. Non seulement je recevais encore des messages du guide Abraham, mais je communiquais maintenant avec des âmes désincarnées selon les besoins ou les désirs de leurs proches. Ce travail se poursuit encore aujourd'hui, et l'aide qu'il me permet d'apporter à mes semblables m'encourage à continuer.

La première communication avec Marie-Josée eut lieu le lendemain de son accident. Selon ma technique habituelle, la nuit suivant son décès je me suis mise au lit, en lui demandant de me livrer témoignage sur les événements qu'elle traversait alors, si toutefois cela lui était possible.

Je me suis endormie. Dans le courant de la nuit, je me suis réveillée en entendant Marie-Josée qui répétait mon nom. J'ai alors vu ses yeux, puis son sourire, et enfin son visage entier. Mais ses yeux et son sourire prédominaient.

— «Ce n'est pas facile de te réveiller, tante Marie», furent ses premières paroles.

Sa voix se fit ensuite entendre intérieurement, comme par télépathie. Selon mon habitude, je pris immédiatement un crayon et du papier — j'en garde toujours près de moi —, et je notai fidèlement tout ce que Marie-Josée me dicta.

Les premiers messages décrivaient sa nouvelle existence dans l'au-delà, mais se voulaient avant tout des mots d'encouragement et de réconfort pour sa famille. D'ailleurs, au lendemain de notre première communication, je lus aux gens rassemblés au Salon funéraire le message reçu durant la nuit.

Chacun a alors puisé dans les mots de Marie-Josée courage et espoir pour traverser cet épreuve de deuil. Encore aujour-d'hui, ses messages réconfortent toujours sa famille. Sa mère, Anita, fut particulièrement émue par ce que Marie-Josée relatait dans ses messages. Anita pensait que la vie se terminait avec la mort. Maintenant, elle sait que l'âme survit au corps physique, qu'elle ne meurt jamais.

Les transmissions de Marie-Josée se sont poursuivies durant plus d'un an. Elle m'expliqua son évolution et me confia ses impressions sur le monde de l'au-delà. Toutes ces communications se firent de la même façon, la nuit, tout naturellement et avec beaucoup d'humour. Je fus bien sûr la première personne à en bénéficier. Son récit me rassura tout en m'émerveillant.

Dans ses messages, Marie-Josée nous apprend à ne plus craindre la mort. Puisqu'elle est inévitable, autant l'apprivoiser et l'accepter. Selon elle, la réalité diffère totalement de notre monde physique. Il faut donc voir au-delà de ce monde matériel et illusoire. Pour reprendre l'expression de Marie-Josée: «la mort est un rendez-vous pour soi, fixé par soi...»

Les prémonitions que vivent les personnes qui sont à l'article de la mort semblent confirmer la connaissance par l'âme de son départ imminent pour l'au-delà.

Deux jours avant sa mort, Marie-Josée s'était arrêtée devant une maison au parterre fleuri. Un homme se reposait, assis dans cette abondance de fleurs.

— «Que vous êtes beau parmi ces fleurs, lui lança Marie-Josée. Lorsque je mourrai, j'aimerais bien être entourée de beaucoup de fleurs, comme vous l'êtes.»

Plus tard, au Salon funéraire, son corps reposera entourée d'une multitude de fleurs.

Ce même jour, Marie-Josée coiffa une cliente qui possédait probablement des dons de médium. Elle lui fit remarquer qu'une aura lumineuse émanait de son corps; puis elle lui dit:

— «Toi, lorsque tu partiras, tu ne reviendras jamais».

Ces paroles surprirent Marie-Josée qui plaisanta un peu sur le sujet, mais qui manifestement n'en compris pas le sens prophétique. Dans son récit, plus tard, Marie-Josée confirma en effet qu'elle n'avait pas à se réincarner, du moins dans un avenir immédiat.

Moi aussi, la nuit précédant son décès, je fis un rêve prémonitoire. Un ours énorme me tomba dessus à la renverse, me brisant le cou. J'étais morte, mais je n'avais ressentie aucune souffrance. La mort me parut alors facile et agréable.

Le lendemain, très tôt, un énorme camion heurtait violemment l'automobile de Marie-Josée. Le cou fracturé, elle mourut sans souffrance.

Avec le recul, ces indices prémonitoires paraissent révélateurs; mais dans l'agitation de la vie quotidienne, qui se soucie du sens de ces prémisses?

Le temps m'avait également confirmé que je devais accomplir un travail avec Marie-Josée, remplir une mission commune si l'on veut. Ce livre en est l'accomplissement. Nous avons pris un grand plaisir à communiquer. Peut-être aurons-nous elle et moi un autre travail à réaliser ensemble? Maintenant, que les barrières physiques n'existent plus entre nous, toute expérience demeure possible afin d'apporter toujours plus de lumière à notre monde voilé.

Marie Bolduc

Marie-Josée
1968-1991

*Félicitations, tante Marie, pour ta façon d'aborder les événements. C'est en soulevant le voile comme tu le fais que les hommes se prépareront à «l'autre vie».*

Marie-Josée

Première partie

# Une mort parmi tant d'autres

*L'accident*
*Le Couloir des Élus*
*Dernier retour à la terre*
*Confrontation avec soi-même*
*Profession: guide!*

# *L'accident*

Ce matin ressemblait à tous les autres. C'était un samedi, journée très achalandée pour les salons de coiffure. Mais j'étais très heureuse de retrouver mes copines de travail. J'aimais mon métier de coiffeuse et c'est avec joie que je me rendais à mon travail.

Après un coup de téléphone de ma mère, j'étais enfin prête pour cette journée qui s'annonçait très belle.

Je sortis de chez-moi et m'installai au volant de ma petite voiture. En démarrant, je me souvins de mon désir d'avoir une auto neuve. J'avais même visité des concessionnaires avec mon père qui m'avait cependant conseillé d'attendre un peu. Peut-être une meilleure opportunité se présenterait-elle à moi bientôt?

J'ai pris la route. Devant moi, un arrêt obligatoire. J'ai ralenti, puis j'ai immobilisé mon véhicule. Prudemment, j'ai jeté un coup d'œil à gauche, puis à droite. La voie étant libre, je suis repartie lentement, certaine d'avoir fait tout ce qu'il fallait.

Je me suis alors souvenue d'avoir oublié quelque chose chez-moi. Il me fallait faire demi-tour. Et puis non, je changeai d'idée; il serait plus rapide de faire marche arrière.

J'ai alors baissé les yeux pour m'assurer que j'embrayais correctement le levier de vitesse. L'instant d'après, je relevai la tête. HORREUR! Un énorme camion venait droit sur moi. Cette vision ne dura qu'une seconde ou deux, puis ce fut l'impact fatal. J'avais oublié de vérifier à nouveau si la voie était toujours libre. Le choc fut extrêmement violent, et mon véhicule réduit en un amas de ferraille. Quant à moi, je me sentais confuse. J'avais en mémoire la vision du camion fonçant sur moi, mais rien d'autre. Je voyais bien mon auto détruite, mais je n'avais aucun souvenir de la collision. Me trouvant à plusieurs mètres de l'automobile, je crus tout d'abord en avoir été éjectée sous la force de l'impact. Mais comment avais-je pu sortir de cette masse informe de tôle et de ferraille?

Des gens s'attroupaient autour de l'épave et je décidai de m'approcher également. Je me sentais bien, mais un peu affolée. Je ressentais une étrange sensation en me déplaçant. Peut-être étais-je blessée?

Mais dans l'énervement et l'excitation de l'événement, je n'y prêtai guère attention. Ma préoccupation était de rassurer les gens autour. Tout allait bien, j'étais là, bien vivante. Je m'en étais sortie. Mais pourquoi ne m'écoutaient-ils pas?

Quelqu'un avait prévenu les policiers. Ils arrivèrent rapidement, tout comme les ambulanciers. Tous parlaient de dégager le corps, tous criaient qu'il fallait agir sans perdre de temps.

Ma confusion grandissait. J'étais seule dans ma voiture, et puisque j'étais vivante, qui pouvait bien se trouver dans l'amas de ferraille? On utilisa les «mâchoires de vie» pour retirer le corps prisonnier du véhicule.

De plus en plus de curieux s'arrêtaient sur les lieux de l'accident. Mais personne ne prenait le temps de m'écouter.

Enfin, le corps fut dégagé et déposé sur une civière. Je me suis approchée. Étonnée, j'ai reconnu le corps étendu et inanimé: C'ÉTAIT LE MIEN, tante Marie, C'ÉTAIT LE MIEN!

Cela fut si rapide. Tu t'en doutes, des questions jaillirent alors en moi. Pourquoi étais-je là, sur cette civière, et en même temps bien consciente ici parmi les gens? Pourquoi toutes ces mines lugubres et tristes autour? Pourquoi ne m'écoutaient-ils pas?

Je me sentais confuse, exténuée et perdue. Je ne comprenais pas ce qui m'arrivait. Je n'avais pas de souvenirs précis de l'accident. Et cette étrange sensation que je ressentais toujours dans mes déplacements attira un peu plus mon attention. Je pris alors conscience d'une grande légèreté. À ma stupéfaction, je découvris que je touchais à peine le sol. Je flottais parmi ces gens qui ne semblaient même pas m'apercevoir.

Durant ce temps de réflexion, les ambulanciers transportaient déjà mon corps vers l'hôpital. Je jetai un dernier regard sur la foule assemblée autour du véhicule pour tenter d'y trouver mes parents ou quelqu'un de ma famille. Mais aucun d'eux n'y était.

Je pensai à mon corps et à l'hôpital. Le temps d'une pensée, tante Marie, et je me retrouvai à l'intérieur du centre hospitalier. Je vis mon corps entouré de personnes en uniforme, des médecins, des infirmières. Ils parlaient entre eux de l'impossibilité de me ramener à la vie. Mon cou était fracturé. Ils ne pouvaient que constater mon décès.

Avais-je bien entendu? Ils constataient mon décès?! J'étais morte! Je me sentais pourtant parfaitement vivante. J'avais du mal à réaliser que je n'étais plus de ce monde.

Les médecins étudiaient la possibilité de prélever mes yeux ou d'autres organes, mais peine perdue, rien n'était récupérable.

Je restai là, à contempler mon corps sans vie, rendu méconnaissable par la violence de l'accident. Je me souviens qu'à ce moment, je trouvais injuste l'état si lamentable de mon corps. Et je déplorais également le fait que personne ne puisse ni m'entendre, ni me voir. Seul mon corps inerte attirait leur attention.

Puis j'entendis quelqu'un mentionner que mes parents venaient d'être avertis de mon accident et de mon décès. Je courrai, — je volai plutôt — jusqu'à eux pour les consoler et leur dire que j'allais bien malgré «la mort».

Je les trouvai atterrés et profondément attristés. Il y avait tant de peine et de douleur en eux. J'ai voulu les serrer dans mes bras, leur dire que j'étais là, tout près d'eux. Mais avec beaucoup de regrets, j'ai dû me résigner malgré mes efforts, à mon invisibilité aux yeux des vivants. J'ai tout tenté pour qu'ils réagissent, pour qu'ils ressentent ma présence, mais en vain. Personne ne percevait plus mon existence.

Des parents et des amis arrivèrent à la maison familiale pour témoigner leur sympathie et leur chagrin. Il y eut beaucoup de tumulte. Ça discutait, ça pleurait. Tous étaient très malheureux. Et moi, tante Marie, je ne pouvais rien y faire.

Ma mort causait tant de bouleversements, tant de peine, que j'en ressentis à ce moment un profond chagrin. J'étais vivante, mais pour les miens, j'étais morte.

Je suis restée longtemps auprès de ma mère et de mon père en espérant parvenir à les consoler, mais je sentais leur bouleversement trop profond et leur confusion trop intense pour qu'ils puissent saisir ma subtile présence.

# *Le Couloir des Élus*

Affronter la mort si subitement est a-vant tout un choc, tante Marie. Mourir d'un accident ou d'une crise cardiaque est tout à fait différent d'une mort résultant d'une maladie quelconque. La maladie, bien que douloureuse et difficile, permet d'apprivoiser la mort, de s'y préparer, au moins de la voir venir.

Mais une mort subite est tragique pour la personne qui s'en va. Elle se retrouve en quelques secondes dans un décor complètement différent. Les conditions d'existence changent radicalement sans qu'elle y soit préparée. Elle est alors perturbée et contrariée de ces changements. Elle peut se sentir bafouée, emportée contre sa volonté par la force des événements.

Il est possible — et je l'ai saisi après mon départ — que ce soit différent pour certaines personnes. Mais la majorité de ceux qui décèdent subitement vivent de la contrariété et des interrogations dès les premiers instants de leur mort. Et ces sentiments sont renforcés par l'absence de souvenirs exacts sur ce qui leur est arrivé. Ils essaient de se remémorer les événements, mais habituellement, ils ne se souviennent que de peu de choses.

Tu sais, tante Marie, voir son corps et constater qu'il est en deux endroits à la fois, plonge souvent la personne dans la plus totale confusion. Certains en sont sidérés, d'autres terrifiés. Plusieurs ne se reconnaissent pas immédiatement.

Et puis forcément, il nous faut nous rendre à l'évidence et accepter que c'est bien notre corps qui est étendu là, sur le sol, sur une civière ou sur un lit d'hôpital. Des sentiments de déceptions et même de colère peuvent surgir, mais la réalité s'impose.

Ces premiers instants acceptés, on réalise que le passage de la vie à la mort fut relativement facile. On déplore d'abord le fait d'avoir succombé aussi rapidement, mais on ressent par la suite le bonheur d'être délivré de ce corps qui n'était finalement qu'un véhicule, parfois même un fardeau.

L'aide la plus précieuse me vint des guides qui restèrent en ma compagnie. Ces guides, tante Marie, utilisent tous les moyens pour nous diriger vers notre but.

Crois-moi, ils sont tout à fait formidables. J'avoue que sans eux, j'aurais été incertaine devant ce monde nouveau.

Avec ces guides est venue la lumière. Ce fut si beau de voir toute cette splendeur! Rapidement, j'en fus inondée. Les guides étaient au rendez-vous pour fêter mon arrivée parmi eux. Je me suis abandonnée à ces âmes lumineuses.

Avec eux, je me suis dirigée vers un puits de lumière. Les âmes virevoltaient dans cette clarté, comme des plumes au vent. Elles semblaient être de plus en plus nombreuses autour de moi.

Puis je vis un couloir, le «Couloir des Élus». Escortée de mes guides, j'ai pénétré dans ce passage dont les murs étaient composés de légions d'anges, d'archanges, de séraphins et de chérubins. À l'intérieur de ce corridor règnait une luminosité transparente qui rendait le chemin clair et beau. J'avais l'impression d'avancer sur des nuages.

Au bout du couloir, un être merveilleux m'attendait. Je me suis approchée de lui. Pour moi, c'était Dieu qui me tendait la main sous les traits de cet être extraordinaire. Comment te décrire, tante Marie, tout l'amour dans ses yeux et la lumière qui émanait de lui? J'en fus totalement éblouie. Une joie intense et un amour incomparable s'emparèrent de moi. Je ne pouvais imaginer que l'on puisse recevoir autant d'amour. J'ai voulu m'élancer vers lui, mais je me suis retenue, craignant de briser le charme d'un instant si merveilleux.

Sans parler, par transmission de pensée, il me dit gentiment:

— «Tu en as mis du temps à venir nous rejoindre, nous t'attendions. Ton temps de séjour sur terre était écoulé».

Je lui expliquai alors, que la décision de quitter la terre n'était pas facile à prendre pour les êtres humains. Il me mentionna que la moisson me ramenait en ces lieux magnifiques. Il ajouta que j'étais une âme élevée qui n'avait pas à se réincarner immédiatement, à moins que je n'en ressente le désir. Il me proposa de servir dans la légion d'amour, de devenir un guide pour les gens de la terre. Il me précisa que j'étais libre d'accepter ou de refuser.

J'ai accepté sur-le-champ, tout en exprimant mon manque d'expérience pour une telle mission.

En douceur et avec compréhension, il me regarda et reprit:

— «Va, retourne à la terre pour tes funérailles et ta délivrance finale. Puis reviens-nous vite. Tu auras à entreprendre un magnifique travail. Il te faudra connaître les âmes. Tu bénéficieras de l'aide des guides de lumière. Ils ont beaucoup à t'apprendre. Tu auras à étudier avec eux. Ils te conduiront également partout en ces lieux qui te semblent si étranges. Tu seras comme eux.»

Mon âme vibrait de louange et de reconnaissance. Te rends-tu compte, tante Marie? Moi, petite âme parmi tant d'autres, j'avais une place dans cet univers extraordinaire, j'avais un rôle à jouer dans le plan divin. J'en ressentis un immense bonheur.

Un sentiment d'extrême légèreté me gagna. Plus légère que jamais, je me suis mise à tourbillonner moi aussi dans la lumière. «Je suis au paradis» m'écriai-je! La joie que j'éprouvais alors dépassait tout ce que j'avais pu connaître sur terre. Je dansais littéralement dans la lumière, avec l'innocence et la pureté d'un enfant.

J'ai alors compris que la véritable vie, c'était maintenant que je la savourais. La vie sur terre n'est qu'illusion. Quelle délivrance! Une vivacité nouvelle naissait en moi. Je me voyais comme une âme radieuse.

Je désirais tant découvrir à ce moment-là ce nouveau monde qui s'offrait à moi. Mais sur terre, au même instant, mon départ était vécu bien différemment et je fus à nouveau attirée vers la terre.

# Dernier retour à la terre

— «Comment cela a-t-il pu lui arriver»?

— «Pourquoi elle? Si jeune?»

— «C'est mieux ainsi, elle aurait pu rester handicapée pour le reste de ses jours.»

— «Au moins elle n'a pas souffert».

Au Salon funéraire où mon corps était exposé, tous ces clichés furent entendus, tant pour se réconforter que pour se résigner. Autour du cercueil, des fleurs en abondance.

Beaucoup de gens s'étaient déplacés pour venir au Salon funéraire. Certains étaient là par curiosité, par obligation. Quelques-uns ressentaient un chagrin sincère, mais d'autres point.

Je regardais tous ces gens défiler, se donner l'accolade et échanger. J'avais hâte d'en finir. J'avais peine à supporter ces désolations, ces étreintes, ces chagrins réels ou faux, ces souvenirs à mon sujet. Penses un peu, tante Marie, à ce que je venais de vivre, cet avant-goût de ma vie future dans la lumière et dans l'amour. Tu peux sans doute comprendre mon impatience à retrouver les guides de lumière et tous les anges qui m'avaient accueillie. J'étais pressée d'en finir, je te l'avoue. Le jour, je demeurais près de mon corps. Mais la nuit, je m'envolais vers le monde astral afin d'en découvrir le plus tôt possible les secrets.

Tant de gens me pleuraient, pensaient à moi et parlaient de mon décès que je m'étais sentie obligée de revenir. Je dirais que je fus ramenée malgré moi à la terre pour une dernière escale.

Durant ces quelques jours de mes funérailles, je me suis sentie condamnée à assister à toutes ces démonstrations lugubres et parfois superficielles. Je n'en ai tiré aucun profit.

Il faut bien comprendre, tante Marie, que dans ma présente situation, je percevais l'aspect négatif de ces moments pénibles qui auraient pu être vécus de bien meilleure façon. Je réalisais alors clairement que je devais mourir ce 10 août 1991. Ce samedi fatal, j'étais au rendez-vous fixé pour moi, et PAR moi! J'en vins à la conclusion et compris avec acceptation cette réalité: j'avais moi-même décidé de l'instant et des circonstances de ma mort. «Mon heure», comme on dit sur la terre, ne pouvait être retardée ni devancée. Le plan s'étant déroulé comme prévu.

Mais pour les parents et les amis laissés derrière moi, la réalité semblait toute autre. Assumer un tel choc leur apparaissait si difficile, eux qui espéraient le meilleur pour moi, (ce que j'avais finalement obtenu). Les chagrins sont inutiles. Les personnes décédées préfèrent voir les gens continuer à vivre plutôt que de pleurer, voir ceux qui restent tourner la page et être heureux. Heureusement, j'en savais mes parents capables, le temps adoucirait leur peine.

Le plus désolant dans ces séparations est leur instantanéité. C'est un drame en quelque sorte, et bien des gens ne peuvent admettre de tels départs. Ils accusent alors le destin, Dieu ou les proches. Beaucoup ignorent (ou oublient) que la mort survient à point nommé.

Finalement, mon corps fut transporté à l'église, puis au cimetière. Plusieurs personnes l'ont accompagné jusqu'en son ultime demeure. Je ressentais clairement certaines pensées environnantes. Certains pensaient que j'étais dorénavant immobile sous terre pour l'éternité; d'autres que leur tour viendrait un jour.

Mais moi, l'âme, bien que ressentant l'obligation d'assister à ce «spectacle», je me détachais définitivement de ce corps jadis beau, désormais inutile et couvert de blessures. Depuis mon décès, je sentais encore une appartenance à ce corps, m'en approchant, puis m'en détachant par intermittence.

Mais au cimetière, je lui fis définitivement mes adieux. Je compris également à ce moment que rien de ce corps ne devait subsister. J'avais signé sur terre une formule de don d'organes. À ma mort, les docteurs essayèrent de prélever des parties de mon corps, mais rien n'était récupérable. Et ce n'était pas par hasard. Je savais maintenant que je ne me réincarnerais pas, du moins pas dans une période rapprochée. Dans de tels cas, rien ne doit subsister du corps physique sur la terre. Même si ce corps peut servir à guérir ou à aider une autre personne, connue ou non, il est dans l'ordre des choses de mettre un terme complet au passage terrestre, et de ne rien laisser subsister qui serait imprégné de nos énergies. La libération doit être complète.

Dès que mon corps fut porté en terre, j'ai mis toute ma confiance en Dieu, et j'ai souhaité retourner le plus tôt possible à la lumière. Je me suis alors sentie devenir radieuse. Les guides sont encore venus vers moi. Ensemble nous nous sommes dirigés vers le puits de lumière. De nouveau, j'ai traversé le Couloir des Élus aux murs d'anges et d'archanges. Je ressentais toute la magie d'un tel moment. J'avais l'impression d'avoir des ailes. J'étais soulevée et je me déplaçais en effleurant à peine le sol qui me donnait l'impression d'être composé de nuages ou de ouate blanche.

Une fois de plus, l'Être d'amour se tenait au bout du passage et encore j'eus l'impression de rencontrer Dieu. Quel éblouissement! Quelle fascination! Il me regardait dans les yeux avec tant d'amour que je ne pouvais plus détourner mon regard. J'étais envahie par l'amour de cet être. Le bonheur ressenti était si intense, tante Marie, que j'en fus bouleversée.

Puis j'ai poursuivi mon entrée dans ce nouveau monde avec beaucoup de joie. Les anges m'entouraient, les guides de lumière m'accompagnaient. J'eus l'impression que l'amour de l'univers entier se déversait sur moi. Un sentiment d'appartenance à cet endroit de lumière, dans lequel je pénétrais, monta si fort en moi qu'il me fit désirer d'y séjourner pour toujours, du moins le plus longtemps possible. Tous les êtres qui m'avaient dirigée jusqu'en ce lieu, m'étaient de plus en plus familiers, un peu comme des amis.

«Je ne veux plus retourner sur terre, pas question de m'y réincarner», ai-je pensé, euphorique.

Ces instants furent vécus comme une résurrection. La mort mène vraiment à la Vie, à une vie plus délicieuse, plus merveilleuse. Je songeai à toutes les découvertes que j'allais faire en parcourant ce paradis. Mais la première de ces découvertes ne put être appréciée que longtemps après l'avoir vécue. Car, la première étape de mon exploration commençait par une confrontation avec moi-même.

# *Confrontation avec soi-même*

La confrontation avec moi-même fut une étape qui me sembla difficile, voire même pénible. Elle consiste en une évaluation et un bilan de sa vie. En un mot, c'est le jugement. Mais ce jugement ne vient que de soi. Au fond, tante Marie, il m'aurait semblé plus simple et plus facile d'être jugée par Dieu. Mais il ne juge pas. Dans sa grande bonté, Dieu nous laisse libre de notre vie mais également de notre discernement, persuadé que nous saurons faire le choix judicieux.

Et pourtant! Combien sévère peut être notre autocritique. Il faut savoir se pardonner. Mais ce pardon est très difficile à réaliser. Certaines âmes y parviennent dès qu'elles se sont évaluées, mais très peu réussissent un tel exploit. Il y a dans cette démarche tout un apprentissage, crois-moi.

Ce jugement se déroule dans une petite pièce circulaire dans laquelle on pénètre seul. Une intense sensation de solitude s'installe dans l'âme à ce moment. Cet isolement est respecté par toutes les autres âmes, qui ne souhaitent nullement fouiller dans la vie d'autrui.

Puis, à la façon d'un film sur un écran de télévision grand format, toute notre vie se déroule sans aucune censure. Toutes nos actions, nos pensées les plus secrètes, nos instants de bonheur, nos erreurs, nos lâchetés, nos réalisations, nos expériences, nos souffrances, bref notre vie entière défile sous nos yeux dans les moindres détails, sans oublier les épisodes occultés par la mémoire, tant ils furent douloureux.

Pour certaines âmes, il s'agit d'une étape presque infernale, une séquence déchirante. Une âme peut parfois refuser d'y faire face, ignorer ce miroir. Cette âme peut alors dériver jusqu'à ce qu'elle comprenne la nécessité du bilan de sa vie terrestre, et de son autocritique.

Parfois, certaines âmes pleurent en visionnant leur vie, réalisant la portée négative de leurs actions, alors que d'autres rient devant la beauté et la plénitude de leur vie. Mais presque toutes cependant apprécient certains passages de leur film, tout en regrettant d'autres épisodes. Car dans la majorité des cas, on y retrouve de bons et des mauvais aspects.

Pour ma part, tante Marie, c'est un peu de cette façon que j'ai traversé cette étape. Ce fut particulièrement éprouvant de réaliser tout ce que j'aurais dû faire. Mais le plus difficile pour l'âme est de réaliser qu'elle fut la seule responsable des actes qu'elle voit à ce moment défiler sur l'écran de sa vie. Et une certaine pression s'exerce lorsque nous tentons de nous soustraire à la véracité des faits exposés à nos yeux. La vérité est à la fois si présente et si claire.

Cependant ce jugement n'est pas inutile, ni punitif. Il sert avant tout à libérer l'âme entièrement; libération qui sera d'ailleurs facilitée par ce visionnement complet du film de sa vie. Il permet également une lucidité accrue dans le choix ou non d'une réincarnation. Une âme suffisamment évoluée peut décider automatiquement de se réincarner ou non après son jugement. D'autres retarderont une telle décision.

C'est souvent suite à cette décision que les âmes exprimeront ce qu'elles désirent apprendre, réaliser ou compléter dans leur nouveau monde. Certaines par exemple opteront pour l'aide aux gens de la terre. D'autres se prononceront pour l'approfondissement de connaissances déjà acquises durant leur séjour terrestre.

Une fois son auto-évaluation terminée, l'âme est accueillie par beaucoup d'autres âmes qui lui font visiter ce nouveau monde auquel elle appartient maintenant. Cet instant est particulièrement agréable.

Je me suis adaptée rapidement à ce monde où l'amour et la lumière sont omni-présents, où la douceur du moment se renouvelle sans cesse. C'est dans ce merveilleux monde que j'allais bientôt débuter mon entraînement à mon nouveau rôle, celui de guide pour les gens de la terre.

# *Profession: guide!*

On traverse sa vie terrestre en croyant connaître beaucoup de choses. On franchit les années avec l'impression d'accumuler un bagage d'expériences et de connaissances. Mais tu sais, tante Marie, lorsque l'on quitte son corps physique, on réalise à quel point l'on sait peu de choses. Je dirais même que l'on ne sait presque rien.

L'âme qui arrive dans le monde céleste doit apprendre beaucoup de choses. Un entraînement sera nécessaire selon ce qu'elle a choisi de réaliser.

Pour ma part, j'ai accepté librement et avec joie l'offre de servir les âmes incarnées, d'être ce qu'il est convenu d'appeler un guide.

La catégorie de guides à laquelle j'appartiendrai s'occupe très tôt des êtres humains. En effet, ces guides font leur apparition dans l'entourage de l'enfant lorsque celui-ci atteint l'âge d'environ 12 ans. Ils prennent alors la relève des anges gardiens qui ont suivi l'enfant depuis sa naissance jusqu'au début de sa puberté.

Ces guides ont été instruits et entraînés pour aider les âmes des jeunes adultes qui traversent une période cruciale de leur existence, période durant laquelle ils ne se comprennent pas toujours eux-mêmes. C'est une relève difficile. Mais le travail se fait dans l'amour. Certains guides développent une véritable passion pour ce genre de mission.

Toutefois, l'action des guides ne se limite pas aux adolescents. En effet, leur aide s'étend aux gens de tous âges, à l'exception des enfants encore sous la protection des anges gardiens.

Le travail des guides est souvent ardu. Ils tentent de conseiller les êtres humains, de leur inspirer des solutions pour résoudre leurs problèmes. Ils travaillent à épanouir le cœur, l'âme et la conscience des gens se trouvant sous leur protection. Ils déploient avec détermination d'incroyables efforts pour aider les humains, dans un esprit de service et d'amour; lorsqu'ils parviennent à influencer favorablement leurs protégés, les guides en ressentent un grand bonheur.

Cependant, les êtres humains ne saisissent pas assez souvent l'importance des guides dans leur vie. Oh, certains parfois sont très à l'écoute de leurs guides. Mais ils sont bien peu dans cette masse humaine. La majorité des gens ne se comprennent plus eux-mêmes. Ils n'arrivent même plus à faire silence en eux. Comment penses-tu, tante Marie, qu'ils puissent être à l'écoute de leur guide? Certains sont sans croyance, sans foi; d'autres sont centrés sur leur petite personne. Beaucoup rejettent même notre existence. Les guides n'ont alors d'autres choix que de s'éloigner sans insister, et d'attendre que ces êtres admettent leurs présences et s'ouvrent à eux.

Le manque de communication entre les êtres humains et leurs guides prive la terre de véritables bénédictions. Beaucoup d'efforts sont déployés par les guides pour rétablir ce contact. Ils œuvrent afin qu'une ouverture spirituelle se développe en chacun des êtres humains, nourrissant ainsi l'espoir d'une renaissance de l'humanité.

Les guides apprennent toutefois énormément au contact des êtres humains, et il se crée ainsi une collaboration. Ce service permet aux guides de se perfectionner sans cesse, et ainsi de gravir des échelons de l'évolution. Cela leur permet d'atteindre de nouveaux sommets et de servir de façons différentes.

Moi aussi, bientôt je serai «un guide». Mon apprentissage est en cours. J'apprends beaucoup de choses sans toutefois rencontrer de difficultés. Tout est tellement facile ici. Je me prépare dans la sagesse. Je m'ouvre de plus en plus à l'amour, car lorsque je serai prête, ce sera mon principal outil pour guider les hommes.

Mon entraînement m'amène à suivre d'autres guides dans leurs missions. Je découvre énormément auprès de ces âmes merveilleuses. J'ai hâte de commencer à mon tour ce travail et de voler de mes propres ailes. Cette nouvelle expérience me grandira. Je désire me dédier totalement au «service». Ici, nous savons que les êtres humains ont un urgent besoin d'aide dans leur évolution; aussi ai-je accepté avec joie de servir les gens de la Terre.

Deuxième partie

# Notions sur le monde céleste

*La vie au Paradis*
*Dieu, un puits de lumière*
*Les âmes dans l'après-vie*
*La réincarnation, pourquoi?*
*Une légion d'anges*
*De bas en haut... dans l'astral*

# *La vie au Paradis*

La beauté du paysage qui m'entoure est indescriptible. Tout y est harmonie: la lumière, les couleurs, les âmes, le décor. Vraiment, tante Marie, tout est féerique. Quel raffinement!

Tout ce qui existe de beau sur terre se retrouve ici aussi, selon les différents paliers auxquels nous avons accès. Mais tout me semble encore plus réel que sur la terre. Cette magnifique orchestration nous rapproche de Dieu et de sa création. Je vois des lacs, des rivières, des fleurs magnifiques, des arbres chargés de fruits merveilleux, des terrasses, des vallées. Chaque élément de ce paradis semble animé d'une incroyable magie.

Les couleurs sont tellement belles, tante Marie, si vives et si différentes de celles de la terre. Je vois des nuances, des coloris, des tons qui m'étaient inconnus. C'est incroyable!

La lumière est ici un phénomène tout à fait particulier. Il y a autour de nous tant de clarté, qu'il vous est actuellement impossible de l'imaginer. C'est comme une véritable aurore boréale dans laquelle s'agenceraient harmonieusement les teintes les plus subtiles. Les tons d'or et d'argent sont particulièrement présents dans ce royaume, et la lumière elle-même, semble constituée d'une multitude de petits fragments réfléchissant ces coloris. C'est un véritable enchantement pour l'œil.

Le temps, quant à lui, ne compte plus. Les années n'ont plus d'emprise sur les âmes. Personne ici ne pense au lendemain car il n'y a pas de lendemain! Il n'y a que le présent. C'est la seule mesure du temps.

En comparaison de votre monde physique, un déroulement rapide de l'espace-temps gouverne ici notre univers. Il serait presque pertinent, tante Marie, de dire que vos heures ne sont ici que des secondes.

Sur terre, l'apprentissage est lent. Il faut, en s'incarnant, se familiariser avec le monde physique et son évolution correspondante. On doit suivre le cours du cheminement humain: des années à l'école, puis des années à expérimenter. Ici, tout est plus subtil, plus facile et plus rapide. En fait, tout semble simple, accessible. Nulle ambiguïté. Simplement clarté, limpidité, transparence! Tout ce qui existe est à notre service. Apprendre de nouvelles notions dans ces conditions est un plaisir, crois-moi.

D'ailleurs, l'ennui n'existe pas et la notion de travail n'a plus ici le même sens. Tout devient loisir. La lassitude ne s'installe jamais.

En ces lieux, les mots n'existent point. Nul besoin puisque tout se passe par télépathie. Quelle ingéniosité, ce processus! La pensée est tellement plus habile et rapide que la parole. Et quelle facilité une fois le principe assimilé. Tous nos souhaits se réalisent par la pensée, mais aucune âme ici n'abuse de ce pouvoir rendu si naturel. Sur la terre, la pensée a ce pouvoir créatif. Mais l'esprit de l'homme est si parasité par des pensées néfastes de négativisme que ses créations ne sont pas souvent très heureuses. Alors qu'ici, c'est exactement le contraire, du moins sur le plan dans lequel j'évolue actuellement. On ne crée, par la pensée, que des merveilles et des bienfaits.

On pense à un arbre, il nous apparaît chargé de beaux fruits qui n'attendent que d'être cueillis par les âmes qui en sentent le désir. On peut créer ainsi mille rêves, mille situations. Et l'on découvre que l'on peut diriger soi-même ces situations. Imagines-tu la puissance de ce pouvoir? Mieux vaut l'utiliser positivement, crois-moi.

Bien sûr, chaque âme verra différemment le paradis. Chacune en aura une vision particulière, selon son degré d'évolution, ses croyances, ses attentes.

Mais la réalité est bien ici, non sur terre. L'expérience de l'après-vie, c'est celle d'une existence nouvelle, fondée sur l'amour universel. L'âme peut se faire une conception erronée du Royaume, mais tout se clarifie plus ou moins rapidement selon l'élévation de cette âme. La profondeur de cet univers ne se conçoit pas immédiatement. L'âme doit s'y habituer et faire graduellement ses propres découvertes. Plus une âme s'identifiera à la lumière, plus vite se dissiperont les illusions.

## *Dieu, un puits de lumière*

Comment te parler du Royaume sans te parler de Dieu? Mais en même temps, comment te décrire un concept qui dépasse l'entendement humain?

Sur la terre, les gens se font une image de Dieu. Mais, cette conception même est bien pâle face à notre réalité. En fait, Dieu n'est pas concevable pour un être incarné dans le plan de la matière dense.

Il n'est ni masculin, ni féminin. Les gens de la terre aiment à se Le représenter sous la forme d'un homme. Si cela les aide à comprendre le principe créateur de Dieu, alors tant mieux, mais dis-toi bien qu'ils pourraient également Le concevoir sous l'aspect féminin et y découvrir d'autres attributs divins.

En fait, les conceptions que les humains se font de Dieu n'ont pas une grande importance. Ce sont toutes des façons de L'approcher un peu plus, de Le comprendre et de L'aimer. Dieu est amour et c'est la notion la plus importante à saisir.

Pour toi sur la terre, tante Marie, je crois même qu'il est préférable d'apprendre à connaître Dieu à ta façon. Ne Le conçois pas comme certains te suggèrent de L'imaginer, mais plutôt comme toi tu Le ressens. L'essence est de toute façon la même: Dieu. Seule la façon de l'exprimer change. Ta façon de voir Dieu est la bonne pour toi. C'est ta vérité, celle qui te permet d'évoluer. Respecte donc ta vérité et crois en Dieu à ta façon. Conçois-Le comme il te plaît, l'important est avant tout de L'aimer.

Mais je sais que tu t'interroges sur ma vison actuelle de Dieu. Je peux te dire que plus je ressens la présence de Dieu, plus je goûte la joie, l'amour, la paix, la bonté. Parfois, il me semble croiser Son regard dans les yeux des êtres hautement évolués.

Imagine, tante Marie, un puits de lumière. Dieu est comme ce réservoir de lumière dans lequel les âmes puisent indéfiniment. Cette lumière, en expansion, est toujours présente; elle est incommensurable.

Chaque fois que les âmes en ressentent le besoin, il leur est possible de s'alimenter à cette lumière divine. Elle les fait vibrer à l'unisson, leur procure puissance et sagesse. C'est cette splendeur qui peut «déplacer les montagnes», vois-tu. Elle est si pure qu'elle te semblerait surnaturelle, irréelle. Rien de comparable à votre lumière.

Dieu est l'énergie centrale de l'univers, et les âmes se fortifient au contact de cette énergie. C'est une puissance qui comble nos besoins. Sur terre, par exemple, vous avez l'électricité qui procure la force nécessaire à la résolution des besoins matériels. Ici, Dieu est un peu notre électricité, si cela peut t'aider à comprendre. Mais, tu t'en doutes bien, où je me trouve il n'y a jamais de panne!

Tante Marie, explique-le bien aux gens de la terre; qu'ils ne cherchent point à connaître Dieu avec leur intellect. Qu'ils n'essaient point de Le comprendre, car c'est peine perdue pour des êtres incarnés que de vouloir saisir ce qui dépasse leur entendement basé sur l'identification à la matière. Ils doivent plutôt s'approcher de Dieu par l'intérieur, L'accepter et L'aimer, tout simplement. C'est suffisant pour l'évolution du genre humain.

# Les âmes dans l'après-vie

Sur le plan dans lequel je me trouve, je côtoie des âmes merveilleuses. Elles sont heureuses. Elles vivent bien la présence de Dieu, elles l'intègrent et se laissent guider. Je me sens en parfaite harmonie avec ces âmes. Nous partageons les mêmes vibrations. Je suis en affinité profonde avec ces intelligences.

Elle ne vivent pas de problèmes particuliers. Cependant, elles n'ignorent rien des activités terrestres, ni de celles des autres sphères du Royaume. Pourtant, elles n'en conçoivent aucune tristesse. Le malheur ne les atteint plus. Elles ressentent de la compassion mais nulle souffrance.

Ici, point d'angoisse, ni de terreur, ni de chagrin. Les âmes demeurent constamment dans la grâce divine. Les souvenirs ne les dérangent plus. Rarement penseront-elles à leurs vies passées, une fois intégrées dans leur nouvelles consciences.

Pour certaines âmes, le cheminement terrestre fut un tel calvaire qu'elles oublient immédiatement leur passé dès qu'elles quittent leur enveloppe physique. Les guides doivent alors leur expliquer leurs nouvelles conditions, et leur confirmer — je dirais même leur prouver — leur passage de la vie matérielle à la vie spirituelle. Mais certaines n'y croiront tout simplement pas. Il leur faudra du temps pour intégrer leurs nouvelles conditions de vie.

Les âmes ayant vécu une existence terrestre éprouvante auront besoin de beaucoup de tendresse, d'amour... et c'est la subtilité du travail du guide. Ils devront savoir les apprivoiser et leur permettre de récupérer, de s'adapter. L'harmonisation pour ces âmes sera plus lente, un peu à l'image de l'enfant qui naît et qui fait graduellement l'apprentissage de ses facultés et du monde qui l'entoure. L'acceptation du passage de la vie à la mort est pour l'âme la condition essentielle pour que débute l'apprentissage de la vie céleste.

Une fois leur intégration complétée, les âmes ne restent pas inactives. Toutes exécutent des missions, ou bien s'instruisent, mais toujours dans l'acceptation et la compréhension du plan divin. Il n'y a jamais de réticence.

Ne va croire, tante Marie, que les âmes, une fois libérées de leur enveloppe physique, ont terminé leur évolution. Il y a toujours de nouvelles étapes à franchir, d'autres paliers à atteindre. Et toutes les âmes cheminent vers le degré suivant, quel qu'il soit. C'est la plus belle des ascensions. Chaque nouveau plan dévoile d'autres aspects du Royaume, renseigne sur différentes leçons et conduit à de nouvelles missions ou au perfectionnement de celles déjà entreprises. Ainsi, les âmes se découvrent-elles continuellement d'inimaginables trésors intérieurs.

Plus les âmes sont lumineuses, plus elles s'orientent dans la même direction, vers un même but: «la douce progression vers Dieu».

Bien que toutes issues de la même Source, les âmes sont uniques. Elle vibrent cependant sur la même longueur d'ondes, mais n'appartiennent pas toutes à la même catégorie. Chacune possède son individualité, chacune englobe ses propres aspirations. Elles cheminent selon le rôle qu'elles ont choisi de jouer dans «la société céleste».

Elles ne sont donc pas toutes de la même couleur, du même éclat. Et ces différences ajoutent au charme du lieu. Les âmes ont une enveloppe qui se distingue de celles des êtres incarnés: en souplesse, en luminosité, en splendeur et bien sûr en perfectionnement. Ce corps permet une très grande mobilité, ce qui rend les mouvements et les déplacements très gracieux. Les efforts n'existent pas vraiment. L'âme peut donc œuvrer ou se déplacer sans ressentir aucune fatigue. Les gens de la terre, imaginent «ce corps de l'âme» immatériel et impalpable. Pourtant il est bien réel. En fait, il est constitué de lumière; c'est un «corps de lumière»!

Les âmes qui m'entourent sont communicatives. Toutes les transmissions se réalisant par la pensée, elles sont donc toutes dotées de clairvoyance et de clairaudience. Chaque âme est en mesure de capter les pensées. Il n'y a plus de secret ici, tante Marie.

Bien qu'elle puisse en créer de plus savoureux, l'âme, très rapidement, ne recherche plus les aliments terrestres. Elle s'aperçoit très tôt qu'il ne lui est plus nécessaire de se nourrir à la manière terrestre. La lumière et l'énergie divines alimentent l'âme spirituellement. Elle est nourrie d'amour et de pureté, comme une plante soignée avec tendresse et arrosée d'eau pure.

Il faut d'ailleurs ici se libérer des jouissances terrestres. L'âme expérimente d'autres délices qui ne sont nullement physiques. Regarder et savourer le spectacle de certaines scènes de ce merveilleux monde est une délectation pour l'âme. Côtoyer les autres âmes dans un esprit d'amour universel en est une autre (même si cela ne signifie rien pour les humains). Vivre le moment présent est également une source de satisfaction.

Une des plus belles satisfactions pour l'âme est de se trouver en contact avec des âmes d'une perfection inouïe. Ces âmes évoluées exhalent des couleurs superbes et des vibrations extraordinaires. Elles viennent d'on ne sait où. Elles surgissent soudainement et nous ravissent de leur rayonnement.

Et puis, quelle volupté de se recharger au «puits de lumière» qu'est Dieu. Chaque âme prélève la dose de cette puissante énergie qui lui est nécessaire pour accomplir sa tâche sans s'épuiser, mais jamais plus.

Tu vois, tante Marie, les richesses terrestres n'ont ici aucune valeur. L'amour prédomine. Les âmes en sont baignées. Elles se le partagent dans la joie. Aucune âme n'attend qu'une autre réalise quoi que ce soit à sa place, au contraire: chaque âme est avant tout désireuse de donner. C'est d'ailleurs si facile! C'est cela la simplicité de l'enfant: donner simplement.

Vraiment, je savoure le bonheur de me trouver ici, parmi toutes ces belles âmes, semblables à des reines en un merveilleux royaume.

# La réincarnation, pourquoi?

Peut-être te demanderas-tu, tante Marie, pour quelles raisons les âmes souhaitent revenir sur terre puisque tout semble si merveilleux dans l'au-delà? La réponse est : l'évolution.

Les âmes, du moins la plupart, aiment bien l'endroit où elles se trouvent dans le Royaume. Mais elles constatent que les paliers supérieurs semblent encore plus merveilleux. Toutefois, pour atteindre ces paliers, il leur faut acquérir un degré supérieur d'évolution. C'est à ce moment qu'elles ressentent le besoin de retourner sur terre.

Bien sûr, une certaine progression est possible sans reprendre de corps physique. Mais certaines leçons ne s'apprennent que dans la matière. Le meilleur apprentissage demeure la quête de la perfection sur le plan humain. C'est sur une planète comme la terre que le perfectionnement peut s'effectuer le plus rapidement. Les conditions d'évolution y sont favorables, mais cependant difficiles.

De réincarnation en réincarnation, des qualités s'accumulent, des leçons s'apprennent et l'âme grandit suffisamment pour atteindre les nouveaux paliers du «Royaume entre les vies».

Aussi les âmes reviennent-elles sur terre pour liquider le lourd poids de leurs Karmas* successifs.

Vois-tu, tante Marie, même une âme traumatisée par sa dernière vie terrestre éprouvera le désir de retourner à ce monde après un certain temps. Cette âme préparera activement son nouveau départ en vue de régler son karma inachevé. Elle cherchera des parents qui l'aideront à traverser une nouvelle vie, une nouvelle étape de son évolution. Selon ce qu'elle devra apprendre, elle créera les conditions nécessaires à sa venue, avec l'idée bien arrêtée de rectifier les erreurs du passé. Plus cette idée sera imprimée profondément en elle, plus elle en sentira la motivation une fois incarnée, souvent même de façon inconsciente.

Tante Marie, il ne faut pas croire que la terre est un endroit répugnant pour les

_____

\* Karma: Loi de la nature selon laquelle toute action matérielle, bonne ou mauvaise, entraîne obligatoirement des conséquences.

âmes. La terre fait partie de la création de Dieu. Les règles qui y ont cours sont parfaites. Je dirais même que cette planète est une des plus belles manifestations de la vie. Seuls les humains sont responsables de la confusion actuelle.

Autour de moi, je vois des âmes se questionner à propos d'un éventuel retour, d'une nouvelle confrontation terrestre. Elles ont une attirance à renouveler l'expérience terrestre. Elles s'y sentent, pour certaines, contraintes. Mais cependant, dès qu'elles prennent la décision du retour, elles mettent tout en œuvre pour que leur conception physique se fasse au plus tôt. Les guides de lumière participent à ces démarches de réincarnation, car ils comprennent mieux que les âmes elles-mêmes le bien-fondé et la nécessité d'un retour à la terre.

# Une légion d'anges

En plus des âmes désincarnées, le monde céleste est peuplé d'anges de différentes catégories. Ces anges sont tous au service de Dieu, et ils œuvrent sur divers plans. Certains sont proches des êtres incarnés, alors que d'autres remplissent des fonctions dans le monde céleste.

Les anges possèdent certains pouvoirs. Par exemple, ils ont entre autre le pouvoir de soulager, de guérir les âmes. Les anges utilisent ce pouvoir aussi souvent qu'ils le peuvent. Cependant, l'être humain qui désire être touché par cette grâce doit faire preuve d'une certaine ouverture spirituelle, et d'une âme réceptive. Les anges sont si près des âmes, tante Marie!

Il existe une hiérarchie chez les anges, comme chez les âmes d'ailleurs. Tu pensais peut-être que toutes sont égales dans l'au-delà, mais non. Il faut mériter notre avancement, gravir les échelons un à un, intégrer les étapes successives, tant pour les âmes que pour les anges.

## Les archanges

Les archanges sont les êtres les plus près de Dieu. Ils sont Ses dirigeants, Ses âmes de confiance si l'on peut dire. J'ai parfois l'impression qu'ils se trouvent partout. Malgré leurs petites tailles, ces êtres témoignent par leur rayonnement d'une exceptionnelle grandeur. Ils réalisent des choses étonnantes, je dirais même des prouesses extraordinaires.

Les archanges s'occupent de la surveillance des affaires terrestres ainsi que célestes. Dieu leur accorde plein pouvoir. Les archanges s'avèrent être les meilleurs médecins parmi tous les anges. Ils agissent également en tant que guide pour certains être incarnés. Ils exécutent cette tâche d'une manière exemplaire.

Imagine, tante Marie, avoir comme guides les archanges Abraham, Gabriel, Uriel... N'est-ce pas merveilleux! Bien sûr, tous les autres guides, qu'ils soient des chérubins, des séraphins, des anges gardiens ou des âmes de lumière, font également un excellent travail auprès de leurs protégés. Mais il faut cependant admettre que tous les archanges bénéficient d'une évolution plus complète. Ils ont acquis une sagesse supérieure. Ils sont plus près de Dieu, et ils trônent au sommet de la hiérarchie céleste.

Mais ils ne se considèrent pas différents des autres catégories d'anges, vois-tu. Ils sont avant tout des serviteurs de Dieu. Ils gouvernent et dirigent sur terre et au ciel. Ils travaillent souvent en collaboration avec les représentants des différentes races humaines et des diverses catégories d'anges.

Leur suprématie est en tout point respectée par les résidents de ce monde. Ils représentent une autorité incontestée, mais sont néanmoins des êtres délicieux, aimant rire et chanter; dotés d'une extrême élégance, ils font preuve d'une pureté et d'une droiture à toute épreuve.

## Les séraphins

Nimbés d'une auréole bleutée, les séraphins sont gracieux, mais possèdent un corps lumineux plus petit que celui des archanges.

Ces anges participent à toutes les activités célestes et servent souvent d'intermédiaires entre les âmes et les diverses catégories d'anges. La pureté est leur domaine de prédilection. Cette vertu est leur essence même. Ils enseignent la purification aux âmes afin que celles-ci puissent accéder à des échelons supérieurs. Ils agissent sur les plans où la pureté est essentielle.

Les séraphins régissent également sur le plan céleste, le domaine de la pureté. Ils veillent à ce que l'esprit de pureté soit appliqué dans les moindres détails sur les territoires où ils exercent leur service. Toutes les catégories d'anges doivent respecter et mettre en pratique la pureté dans tous ses aspects. Les séraphins s'assurent qu'aucune entité céleste ne manque à son devoir.

Très exigeant pour eux-mêmes, les séraphins travaillent sans relâche. Ils remplissent leurs tâches avec diligence. En plus de s'occuper du domaine de la pureté, ils veillent à faire régner l'ordre. Ces serviteurs de Dieu exercent une noble activité et ils Lui sont très précieux.

## Les chérubins

Minuscules, les chérubins n'en sont pas moins majestueux dans leurs déplacements. D'une indescriptible beauté, ils portent une auréole composée de petites fleurs vertes et roses. À la façon des séraphins, ils travaillent sans cesse. Ils veillent à ce qu'en ce lieu personne ne manque de rien. Il y a toujours un chérubin dévoué à une âme.

Dignes de confiance, ils excellent dans l'enseignement du contrôle de soi et dans l'art de diriger les âmes, tant célestes que terrestres. Ils veillent aussi à ce que les âmes du Royaume saisissent toute la magie qui les entoure.

Avec les archanges, les chérubins sont les ouvriers du monde céleste. Ce sont des serviteurs dévoués qui agissent en douceur, avec perfection et toujours dans l'amour complet.

## Les anges gardiens

Les anges gardiens sont dotés d'une grande force intérieure. Ils servent exclusivement les âmes incarnées, spécifiquement les enfants d'environ douze ans d'âge.

Dès qu'un enfant naît, un ange gardien lui est assigné pour l'aider à s'ouvrir à Dieu, à s'épanouir et à grandir dans la sagesse et dans l'amour. Le rôle premier de l'ange gardien est d'accorder l'énergie de l'enfant au diapason de l'Être Suprême, il comble aussi ses différents besoins dans la mesure de ses possibilités.

L'ange gardien s'occupe du développement intérieur de l'enfant. Il lui parle, lui apprend à communiquer avec les anges, joue avec lui, lui insuffle la joie de vivre dans cette nouvelle incarnation et veille à minimiser les événements imprévus. Un enfant qui sourit, tante Marie, en semblant fixer le vide, réagit souvent, en fait, à une action, une attitude de son ange gardien.

Pour les anges gardiens, c'est une joie immense que de servir ces petits enfants qui pourtant les oublieront en grandissant. Ces petits anges de haut savoir accomplissent leur mission avec bonheur et amour. En aucun cas, un ange gardien ne souhaite jouer un autre rôle.

Lorsque l'enfant atteint le seuil de la puberté, l'ange gardien le quitte, remplacé par un guide qui prendra la relève pour la continuité du développement de l'âme incarnée. L'ange gardien sera alors désigné, pour s'occuper de la protection et du développement d'un autre nouveau-né.

Tu vois, tante Marie, comme ils sont nombreux les serviteurs de Dieu, consacrés aux âmes. Soyez-en tous conscient, car l'aide reçue sera inestimable!

# *De bas en haut... dans l'astral*

## Le bas astral

Tu te questionnes, tante Marie, sur l'existence du bas-astral. Oui, le bas astral existe bel et bien. C'est la partie la plus sombre du Royaume, un milieu où règne une incroyable désolation.

L'univers du bas-astral est trouble, lugubre; mais surtout, ces lieux sont sans lumière. Une grande noirceur enveloppe ce monde. Tout y est sombre, d'où une certaine impression de saleté.

Je fus confrontée à ce bas-astral dans le cadre de mon apprentissage pour devenir guide. Je devais être instruite de ces lieux. Heureusement, ma visite fut brève. Je ne désirais nullement m'éterniser dans ces lieux, crois-moi.

Les âmes peuplant cette triste région peuvent être regroupées en quatre grandes catégories: les âmes enchaînées à la terre, les âmes qui refusent Dieu, les âmes négatives et, finalement, les esprits malins.

## Les âmes enchaînées à la terre

Ces âmes n'habitent pas totalement le bas-astral. Elles fluctuent entre le bas-astral et la terre. Leur attachement à la matière les enchaîne littéralement à la terre. Si tu savais, tante Marie, combien d'âmes ont le regard tourné vers la terre! Elles ne comprennent pas leur situation, elles ne réalisent pas qu'elles sont désincarnées. Elles ne souhaitent que continuer leur vie sur terre. Elles sont errantes car elles essaient de vivre sur un plan qui n'est plus le leur. Ces âmes ne veulent absolument pas adhérer à une nouvelle vibration. Elles demeurent donc très près de la terre dans l'espoir d'être remarquées des humains. Ces âmes se cherchent un endroit pour continuer d'exister comme des êtres incarnés, ce qu'elles ne sont plus.

Certaines de ces âmes demeurent ainsi enchaînées à la terre durant de longues périodes de temps, parfois pendant des années de votre temps terrestre.

Leur délivrance débute lorsqu'elles acceptent le fait que la terre ne leur est plus accessible, qu'elles n'ont plus aucun rôle à y jouer. Qu'il est difficile pour ces âmes de tourner la page! Mais dès qu'elles y parviennent, elles s'éloignent de la terre et intègrent progressivement le monde astral.

À ce moment, des êtres de lumière, des guides entraînés à de telles missions, s'approchent pour les assister, pour leur expliquer la situation qu'elles traversent, pour les inciter à rechercher la lumière afin de se libérer entièrement et de quitter définitivement le bas-astral.

Cependant, peu d'âmes se laissent convaincre. Celles qui s'ouvrent sont guidées vers la lumière. Les autres continuent à errer sans but, à végéter sans toutefois être véritablement malheureuses.

Il me semble important de te préciser, tante Marie, que certaines âmes peuvent être retenues sur terre non pas en raison de leur matérialisme ou de l'ignorance de leur condition, mais bien par les êtres qu'ils ont laissés derrière eux. Elles sont enchaînées par les sentiments très forts qu'éprouvent certaines personnes à leur égard. Une haine intense ou un amour possessif peuvent être des exemples de ce genre de lien. Les âmes ainsi prisonnières des pensées humaines à leur égard, se libèrent parfois difficilement de cette emprise. Leur ascension, tout comme leur évolution, est malheureusement retardée. Ces âmes ne demandent qu'à être libérées des liens terrestres. Les êtres incarnés peuvent être d'un grand secours pour ces âmes; ils doivent faire preuve de détachement et d'acceptation afin que se dénouent les liens existants entre eux et les âmes décédées. Tu sais, tante Marie, on ne retient pas un oiseau qui s'envole du nid. Mais par a-mour, on lui accorde la liberté d'un ciel immense.

## Les âmes qui refusent Dieu

Cette catégorie d'âmes est celle des âmes perdues. Par leur incroyance ou leur rejet de Dieu, elles se sont coupées de la lumière. Ces âmes se sont fermées à Dieu, elles L'ont refusé dans leur vie; et là réside toute la difficulté: accepter Dieu et sa lumière, et se considérer comme des éléments de l'unité divine.

Le but de leur passage dans le bas-astral est de leur permettre d'accueillir Dieu, de découvrir leur divinité intérieure et d'acquérir une compréhension du Royaume.

Ces âmes sont confrontées constamment à d'incroyables barrières qu'elles ont érigées consciemment ou non durant leur vie terrestre. En refusant Dieu, elles ont bâti un univers de néant qu'elles retrouvent à leur mort. Elles sont alors associées à bien d'autres âmes perdues, multipliant les efforts pour échapper à cet endroit qui ne leur plaît guère, crois-moi.

Ces âmes ont bien des leçons à assimiler. Mais elles sont souvent prises de panique, craignant de se tromper à nouveau, et de se retrouver dans un endroit encore plus angoissant que le bas-astral.

Mais pour Dieu, ces âmes demeurent ses enfants, comme nous tous. Il ne les néglige pas. Des guides de lumière sont toujours disposés à aider ces âmes pour qu'elles retournent à la lumière. Cependant, elles doivent faire le premier pas.

## Les âmes négatives

La catégorie des âmes négatives regroupe des âmes similaires de bas niveau vibratoire. Sur Terre, ces âmes étaient souvent des êtres très faibles, qui ne faisaient aucun effort pour s'améliorer. Ces âmes faibles, sans volonté, désabusées et fatiguées de la vie, errent sans but et sans croyance, un peu comme dans leur vie terrestre. Elles maugréent constamment et ont perdu la noblesse que procure la lumière. Cette lumière est si lointaine pour elles! Elles sont souvent attirées par l'énergie que dégagent les âmes incarnées en voyage astral. Bien qu'apeurées, ces âmes négatives s'approchent et sont enclines à soustraire un peu de l'énergie des «voyageurs de l'astral». Elles souhaiteraient s'agripper à eux. Ces derniers ont intérêt à s'en éloigner afin de ne rien perdre de leur énergie ou d'être attirés dans l'univers du bas-astral.

Très souvent, ces âmes négatives furent des êtres au cœur dur, habités de noirceur, sans croyance ni moralité, inspirant la peur, vivant bestialement et menant une vie de totale négativité. Certaines de ces âmes, une fois désincarnées, ne sont même pas désireuses de s'en sortir, ni de s'améliorer, tant elles sont habituées à vivre en disharmonie; elles poursuivent le voyage avec les mêmes désirs.

Quoique l'on pense, tante Marie, ces âmes n'ont pas à être maltraitées. Leur existence dans le bas-astral n'est nullement un châtiment. Elle n'est que le résultat de leur vie, de leurs actions. Ces âmes ont elles-mêmes créé leur propre prison dans laquelle ne pénètre aucune lumière. Ces âmes négatives seront souvent récupérées par les esprits malins afin de servir dans le «clan des rebelles».

Dieu n'a aucun mépris pour toutes ces âmes négatives, peu importe la lourdeur de leurs vibrations. Seul l'amour compte pour Dieu. Voilà pourquoi des âmes très pures et lumineuses sont mandatées pour approcher ces âmes négatives, spécialement celles où subsiste ou renaît une petite étincelle de lumière, si minuscule soit-elle.

## Les esprits malins (âmes déchues)

Ces âmes sont les rebelles du Royaume. Elles jalousent Dieu et travaillent à introduire (surtout emprisonner) dans leur clan les âmes qui errent dans le bas-astral. Une certaine hiérarchie existe parmi ces âmes déchues. Elles sont nombreuses à servir cette hiérarchie et à exécuter ses ordres.

Les âmes déchues font tout ce qui leur est possible pour que stagnent les âmes du bas-astral. Elles les dirigent vers la terre, sachant cependant que ces âmes n'ont plus rien à y faire.

Ces âmes déchues essaient d'influencer les humains. Elles s'ingénient à instaurer sur terre le négativisme sous toutes ses formes. Elles travaillent à établir l'obscurité dans le cœur des hommes.

Ces esprits malins se donnent une allure méchante qui engendre la peur chez ceux qui les rencontrent. Mais il ne faut pas les craindre; en vérité, tante Marie, elles sont lâches et poltronnes, et devant la lumière elles courbent l'échine. Les âmes pures, qui ont pour mission d'aviver l'étincelle dans ces âmes déchues, ne les craignent pas et les affrontent souvent. Il faut dire que ces âmes pures sont bien entraînées pour une telle action. Il est merveilleux de voir parfois les élus de Dieu revenir du bas-astral accompagnés d'âmes déchues qui se sont laissées pénétrer par la lumière.

Toutes ces catégories d'âmes du bas-astral sont en partie responsables de la plupart des phénomènes mystérieux existant sur terre: déplacement d'objets, maisons hantées, esprits frappeurs, possession...

Il faut dire aux habitants de la terre, tante Marie, de ne pas s'inquiéter de ces phénomènes. Ce sont des manifestations isolées, peu nombreuses. Dis-leur surtout que là où règnent la lumière, l'amour et la paix, nulle intrusion de ce genre ne peut se produire. Les meilleures garanties pour écarter de soi ces inutiles manifestations sont: d'accepter Dieu, de cultiver un amour altruiste et d'entretenir la lumière dans son âme. Les êtres incarnés ne doivent pas gaspiller temps et énergie à se mesurer à des états vibratoires aussi dénués de sens que le bas-astral.

Il est toutefois important de mettre en garde les «voyageurs de l'astral» afin qu'ils évitent le bas-astral. Aussi, avant de faire une sortie astrale de façon consciente, il s'avère primordial de demander l'accompagnement de ses guides ou d'âmes lumineuses pour être dirigé vers des régions élevées et harmonieuses. Une mauvaise rencontre avec le bas-astral peut laisser «le corps du voyageur» en piteux état. À son retour, la personne pourrait éprouver des malaises, de l'inconfort et même de la tristesse. Une mauvaise rencontre imprègnera l'âme qui par la suite évitera ces expériences pour se protéger, nuisant peut être ainsi à son évolution.

De même, il est sage de toujours se placer sous la bénédiction divine avant de s'endormir. Tu n'es pas sans ignorer, tante Marie, que chaque nuit l'âme sort du corps et voyage dans l'astral. Évidemment, cette évasion se fait pour la majorité des personnes d'une façon inconsciente. Lors de telles balades, l'âme en profite pour étudier, trouver des réponses ou des solutions à des problèmes, pour aider, ou simplement pour visiter. Il est donc prudent de se protéger avant de s'endormir. S'entourer mentalement de lumière est un bon moyen.

Sur terre aussi, les hommes peuvent agir pour la lumière en émettant des pensées d'amour et des bénédictions en pensant à toutes ces âmes malheureuses qui hantent le bas-astral. Sans s'en rendre compte, ces âmes aussi cherchent Dieu, mais d'une mauvaise façon. Pour toutes ces âmes, une libération demeure possible. Dès qu'une fissure se crée dans leur carapace, dès qu'une étincelle s'allume au fond de leur âme, l'ascension devient une possibilité réelle pour ces âmes. Rien ne peut empêcher la progression d'une âme sincère, en quête de lumière, et désireuse de trouver Dieu. Personne n'a donc le droit de les juger. Ces âmes exercent leur propre jugement dès qu'elles s'éveillent. Car les âmes qui se retrouvent dans le bas-astral après la mort de leur enveloppe physique ne connaissent rien de la salle «d'autocritique» dont je parlais antérieurement. Elles n'y ont pas accès. Elles y parviendront seulement lorsqu'elles auront atteint un degré d'élévation suffisant.

## Le haut astral

Plus on monte dans l'astral, meilleures sont les vibrations. Ce que l'on désigne sous le nom de haut astral est en fait une région lumineuse et positive. Des âmes plus évoluées y séjournent et se préparent à gravir d'autres échelons. Car le haut astral, tante Marie, n'est point une finalité. L'accès à des plans supérieurs demeure toujours possible, selon l'évolution et les progrès de chacune des âmes peuplant les hautes sphères de l'astral.

Rien n'est comparable entre les niveaux inférieurs et supérieurs de l'astral. Plus tu accèdes à de hauts niveaux, plus s'installent en toi clarté et limpidité. Le soutien des guides de lumière est constant, l'harmonie règne et ces lieux sont magnifiques.

Les hommes ne doivent pas redouter les hautes sphères de l'astral. Les âmes qui y séjournent reviennent parfois à la terre, mais généralement leur intérêt se porte sur Dieu et l'ascension vers des paliers supérieurs.

Tu comprends donc, tante Marie, qu'entre les niveaux supérieurs et inférieurs de l'astral, une multitude de paliers s'échelonnent, comme les marches d'un escalier infini. Et tous ces degrés accueillent des âmes qui répondent aux mêmes vibrations. Te souviens-tu de cette parole du Christ: «Il y a de nombreuses demeures dans la maison de mon Père»? Tu dois sans doute mieux la comprendre maintenant, n'est-ce pas?

Troisième partie

# Une humanité à éveiller

*Le ciel et l'enfer*
*Mieux vivre sa vie...*
*... pour mieux vivre sa mort*

# *Le ciel et l'enfer*

Il importe, tante Marie, de comprendre que ces termes ne désignent pas réellement des endroits, mais bien des états d'âmes.

Longtemps, les êtres humains ont craint l'enfer et espéré le ciel. Pourtant, ces deux états ne sont que les résultantes de leurs propres actes. Longtemps aussi ont-ils cru vivre l'enfer ou le ciel après leur mort, ignorant que ces états se vivent autant sur la terre, qu'ici au royaume.

L'enfer n'est pas cet endroit de chaleur et de flammes où l'on vous brûle aux tisons rouges. L'enfer, sur la terre, ce sont les pensées destructrices, le négativisme, la cruauté, les malheurs et les problèmes qui s'accumulent. L'enfer, c'est l'égarement loin de la lumière. C'est la méprise, l'autodestruction.

Après la mort, l'enfer peut aussi se vivre si l'âme échoue dans le bas-astral, refusant Dieu, dérivant vers l'obscurité.

Vois-tu, tante Marie, l'enfer n'est rien d'autre qu'une triste absence de lumière. Chacun peut donc faire de sa vie et de sa mort un enfer.

Regarde autour de toi et vois l'enfer de certaines vies. Tu constateras que cet enfer est alimenté de fausses conceptions, de mauvaises utilisations des lois de la vie, des règles du jeu comme on dit. Je vois la même chose ici dans le bas-astral. L'enfer se crée à l'intérieur, puis se propage à l'extérieur. Pourtant les âmes ignorent généralement qu'il ne s'agit que de leurs propres créations.

À l'inverse, on peut aussi créer son ciel à chaque instant de sa vie. Le passage terrestre peut être le ciel s'il est vécu dans l'amour, la sagesse et la foi sans limite. Le ciel se crée en diffusant la joie autour de soi, en partageant, en vivant dans l'harmonie. Il se cultive en soi d'abord et s'offre par la suite.

C'est pour cela, tante Marie, que tu ne dois pas te laisser imposer une vision du ciel autre que la tienne. Car le ciel, tout comme Dieu, est en toi, au centre de ton être. Et lorsque tu quitteras la terre, il sera facile pour toi de te retrouver dans les vibrations de ton ciel intérieur. Tu partiras pour cette belle ascension accompagnée de ta parcelle divine, vers ce plan du Royaume que tu te seras préparé.

Car vois-tu, l'expression qui dit que le ciel se gagne sur la terre contient plus de vérité qu'on ne pourrait le croire. En créant le ciel dans ta vie de tous les jours, tu prépares ton «ciel» dans le Royaume. Car les vibrations dont ton âme se sera imprégnées te porteront après la mort vers le palier vibratoire correspondant.

Sur la terre comme au ciel, dit-on. Pose donc dès maintenant les bases d'une après-vie merveilleuse en t'appliquant à entretenir quotidiennement le ciel en toi. Vivre en harmonie, cultiver la joie, aimer et respecter toutes les formes de vie, nourrir des pensées justes et belles pour soi-même et autrui, agir avec noblesse et droiture, élever son âme vers Dieu, voilà autant de façons de vivre le ciel sur la terre.

Il est urgent que les humains le sachent, tante Marie. Il faut leur faire prendre conscience qu'ils ont dans leur vie le choix de vivre et de créer chaque jour l'enfer ou le ciel. De même que durant leur «après-vie». Il ne tient qu'à eux de bâtir le ciel ou l'enfer dans leur existence.

Il faut donc cesser de penser au ciel et à l'enfer comme des lieux éloignés. Tout est en soi.

# *Mieux vivre sa vie*

Pour chaque homme, il est urgent de mieux vivre sa vie. Le monde a besoin d'aide: besoin d'êtres humains s'affirmant et reconnaissant leur force intérieure afin d'affronter les problèmes auxquels l'humanité fait face actuellement. Les sentiments humanitaires doivent se développer. Bénis seront ceux qui s'opposeront à la détresse, crois-moi tante Marie.

Mais trop de gens sont apathiques. Ils se ferment. Leur cœur est empli de doutes. Il faut leur redonner courage; il faut qu'ils sachent qu'ils ont en main tous les pouvoirs et qu'il est urgent qu'ils s'en servent pour le bien de tous. Non seulement l'humanité vit-elle en ce moment de graves problèmes, mais la planète elle-même est menacée. La survie de la Terre dépend de chaque être humain. Tous doivent participer à sa sauvegarde. Tous en portent la responsabilité.

La race humaine doit se lever la tête et accomplir l'œuvre divine. Dis-leur bien, tante Marie, qu'ils ne sont pas venus sur terre pour régresser. Ils sont sur ce plan pour avancer, parfaire leur évolution, grandir spirituellement; car l'évolution spirituelle est une force incroyable sur la voie de la réalisation divine.

Il faut donc inciter les êtres humains à se transformer intérieurement. Pour cela, ils doivent s'accorder des moments de réflexion et de paix. Ces instants de tranquilité apportent la sérénité et favorisent le dialogue avec les guides. Si seulement les gens savaient instaurer en eux le silence, que de bienfaits ils en retireraient. Ils retrouveraient la source intérieure.

Il faut donc prendre l'habitude de méditer, de s'élever de multiples façons, abandonnant ce qui n'est plus nécessaire.

Le pardon et l'amour s'avèrent être deux grands leviers évolutifs sur votre plan terrestre.

L'amour doit être la base de la vie physique. Non seulement l'amour envers les autres, mais également envers toute la création et surtout envers soi-même. Par amour, il faut s'ouvrir avec dévotion à toutes formes de vie. Par amour, il faut donner sans attendre en retour, se donner entièrement. Par amour, il faut cultiver l'enthousiasme et la générosité.

Je te certifie, tante Marie, que rien n'est plus grand que l'amour. Il faut s'ouvrir à celui-ci afin de devenir un canal clair par lequel sera atteint le monde entier.

Quant au pardon, réalise-t-on sur terre l'importance qu'il revêt? La pratique du pardon est un excellent apprentissage spirituel. Il développe une remarquable grandeur d'âme.

La croyance veut que le pardon soit accordé pour les autres. Mais le pardon est d'abord pour soi-même. Bien souvent, dans les offenses qui nous sont faites, nous avons une part de responsabilité: mauvaise compréhension, mauvaise réaction, création inconsciente de la situation. Le pardon que l'on accorde aux autres nous concerne donc avant tout. Je sais, tante Marie, que tu comprends le fond de cette question. La difficulté réside dans la réalisation concrète de cette notion. Se pardonner est infiniment plus ardu que de pardonner aux autres. Je m'en suis bien rendue compte peu après mon décès lors de mon «autocritique». Transmets ce message aux amis de la terre, tante Marie, afin que se clarifient les vies, que s'accomplisse la volonté divine et que chacun s'identifie à son Moi profond.

Il faut réaliser que chacun a choisi sa vie. Il faut donc la vivre dignement, comme des enfants de Dieu, et tendre vers la perfection. La simplicité, cette qualité oubliée de votre monde, est l'un des chemins conduisant à la perfection.

Une vie en accord avec les lois divines remplace tout l'or du monde.

## *... pour mieux vivre sa mort*

Il se véhicule parfois des idées romanesques ou erronées sur la mort et l'audelà. Il serait bon de conduire les hommes à la réflexion, tante Marie, afin qu'ils méditent sur leurs vies futures.

Tôt ou tard, chacun sera confronté à la mort. Malheureusement, elle effraie encore les humains. J'avais moi aussi sur terre tendance à l'occulter un peu trop facilement. Il faut dire que peu de gens sont enchantés à l'idée de mourir, n'est-ce pas?

Il faut pourtant apprivoiser la mort, la bénir et l'accepter avec calme. Car en réalité rien n'est terrifiant de ce phénomène. Mon récit en est une preuve.

Il faut donc sensibiliser les hommes à la notion de mort, non en la provoquant, mais en la respectant et en lui redonnant son vrai sens, celui d'un passage, d'un transfert d'un état à un autre.

Il faut que les hommes vivent pleinement leur vie, qu'ils savourent les moments de félicité, qu'ils bénissent les instants difficiles; mais à leur mort, qu'ils lâchent prise, et s'abandonnent avec confiance. S'ils y sont préparés, s'ils ont acquis quelques notions sur ce qui les attend, ils ne craindront plus la mort.

Pour apprivoiser cette mort, il serait utile de lire ou d'écouter, selon le cas, les nombreux témoignages de ceux qui, déclarés cliniquement morts, sont ensuite revenus à la vie.

Malheureusement, bon nombre de ces gens se taisent, préférant le silence à la moquerie. La plupart d'entre eux se sentent incompris. Mais tous les êtres qui ont vécu une telle expérience doivent briser la barrière du silence, dire ce qu'ils ont vu et vécu. Ils peuvent ainsi aider leurs semblables à ne plus craindre la mort. La traversée d'une telle expérience élimine la hantise de la mort. Les «rescapés de la mort», comme on les appelle parfois, savent bien que la souffrance, la peine et la misère n'existent plus dès que l'âme quitte le corps. Tu t'imagines à quel point une vie peut en être changée. Ces gens décident ensuite de vivre avec amour, de travailler sur eux-mêmes, d'établir de nouvelles bases pour le reste de leur vie, de privilégier de nouvelles valeurs.

Tu vois donc, tante Marie, à quel point il serait profitable pour les gens de la terre de se défaire de la peur de la mort. Si la confiance et l'amour pouvaient remplacer cette crainte, la vie serait plus facile pour chaque être humain.

Toutefois, il faut comprendre que cette expérience de vie après la mort et de retour à vie physique, est très personnelle. Ces témoignages peuvent sembler identiques mais diffèrent selon les croyances, les degrés d'évolution et l'expérience terrestre; facteurs influents dans une telle expérience. Il ne faut donc pas comparer les témoignages dans le but de trouver une vérité ultime. Tous ces gens ont vécu leur propre vérité, et ils n'ont pas à la dissimuler ou à essayer de la maquiller selon les expériences d'autres individus ayant été confrontés à leur trépas. Il importe que tout soit relaté le plus fidèlement possible. Chaque cas est unique. Il ne faut donc point penser, tante Marie, que soient décrites des expériences identiques, bien que globalement ces expériences sont similaires.

Par exemple, tous ne traversent pas nécessairement le tunnel noir décrit par tant de gens. Tu as sans doute remarqué que dans mon cas, je n'ai pas traversé un tel tunnel. Très souvent, ce couloir noir n'est rien d'autre que le produit de leur pensée saturée d'ignorance. Ce passage est créé par leur imagination. Certains traversent bien un tunnel, alors que d'autres l'imaginent simplement. Ils sont en fait confrontés avec l'idée de néant que la pensée humaine nourrit à propos de la mort.

Il faut avant tout rester ouvert à ses propres expériences.

La lumière par contre est nécessaire pour tous. Pour «bien mourir», pour bien traverser ce passage, il faut désirer la lumière, la rechercher, l'espérer. Plus vite tu cherches la lumière, plus tôt elle vient à toi, effaçant l'ombre du doute. Aussi longtemps qu'une personne ignore ce qu'il lui arrive, elle aura l'impression de traverser un couloir obscur. Mais dès que sa conscience s'éveillera à son nouvel état, la lumière jaillira et l'envahira.

Il ne s'agit pas de sous-estimer les témoignages de tous les «rescapés de la mort». Au contraire, il faut s'en inspirer pour chasser la peur et pour se préparer à la mort qui inévitablement se présentera un jour.

Prends donc soin, tante Marie, que les hommes assimilent l'essentiel de ces témoignages sans s'identifier aux détails. Tous ces accessoires ne sont pas absolue vérité. Ils n'ont de vérité que pour chaque expérience personnelle. Que chacun retienne donc avant tout que la vie se poursuit sans cesse, que l'âme ne meurt jamais et que l'abandon du «vêtement de chair» n'est que le début d'une belle ascension vers Dieu.

Pour le reste, que chacun prépare sa mort comme s'il planifiait un voyage: le pays à découvrir, les êtres à rencontrer, les sites à visiter, le bien-être et la douceur des vacances, sans oublier la lumière enveloppante et réconfortante ... de Dieu!

Alors tante Marie, la mort ne ressemble-t-elle pas à un fantastique voyage de vacances? Il s'agit simplement de bien le préparer.

# En guise de conclusion

## *Et moi...*

Maintenant, ma route m'apparaît droite. Je poursuis mon ascension vers Dieu, vers de nouvelles demeures, selon ma progression, mon évolution. Mon souhait le plus cher est de me rapprocher de la lumière divine.

Pour cela, je me hâte. À chaque envolée, je visite de nouveaux lieux, j'apprends de nouvelles choses. Ma mission de guide débutera bientôt. Servir dans la «légion de la lumière» est une joie et un privilège. J'embellis sans cesse mon âme. Je me sens envahie par l'amour de Dieu. Je t'avoue, tante Marie, que l'humilité m'habite plus que sur la terre. J'acquiers aussi plus de sagesse; elle est ici tellement présente.

Parfois, je me sens insaisissable; tantôt je me vois comme une colombe, et je ne sais pourquoi, mais par moment je suis vraiment cette colombe: gracieuse, belle et blanche. Je vole, je tournoie, je chante; le bonheur m'enivre.

Tante Marie, je te permets de raconter à mes parents, à ma famille et à mes amis la merveilleuse aventure que je vis actuellement. Rassure-les en leur disant à quel point je suis heureuse, en les aidant à comprendre que tout s'est déroulé selon «le plan»: mon départ était planifié et nous l'ignorions. Mais aujourd'hui, je sais qu'intérieurement, j'étais prête à ce changement, à ce passage de la vie terrestre à la vie céleste. Il n'y a rien à regretter.

Dis-leur, tante Marie, de ne pas me retenir, de me laisser libre dans mon ascension. Bientôt je deviendrai le guide de l'un d'entre eux. Dis-leur d'oublier la peine, elle est inutile. Je souhaite qu'ils vivent tous dans la joie, l'amour, le bonheur, le partage.

Rappelle-leur tout l'amour que je leur porte. Lorsque la moisson les ramènera jusqu'ici, j'aurai la grande joie de les accueillir dans la lumière du Royaume.

Avec amour,
Marie-Josée

# Table des matières

Troisième partie
## Une humanité à éveiller

## En guise de conclusion

- Cap-Saint-Ignace
- Sainte-Marie (Beauce)
Québec, Canada
1995

«L'IMPRIMEUR»